اشعار

(منتخب غزلیں)

مصنف:

حسن نعیم

© تعمیر پبلی کیشنز

کتاب	:	**اشعار** (منتخب غزلیں)
مصنف	:	**حسن نعیم**
صنف	:	شاعری
ناشر	:	تعمیر پبلی کیشنز (حیدرآباد، انڈیا)
زیرِ اہتمام	:	تعمیر ویب ڈیولپمنٹ، حیدرآباد
سالِ اشاعت	:	۲۰۲۳ء
تعداد	:	(پرنٹ آن ڈیمانڈ)
طابع	:	تعمیر پبلی کیشنز، حیدرآباد –۲۴
صفحات	:	۱۲۲
سرِ ورق ڈیزائن	:	تعمیر ویب ڈیزائن

برادرانِ محترم،
سید اکبر حسین اور سید علی نعیم کی نذر

جو خزانہ عیش کا مل سکا، اسے گھر کے ساتھ جلا دیا
جو بچا کے رکھا تھا نقدِ غم، ترے پاس آ کے لُٹا دیا

روح کا لمبا سفر ہے ایک بھی انساں کا قرب

میں چلا برسوں تو ان تک حسبِ تم کا سایہ گیا

ترتیب

چند سطریں

محمود خاور

میں بحیثیت ناشر کسی ایسے شاعر کا کلام شائع کرنا چاہتا تھا جس نے خورشید احمد جامی ہی کی طرح اپنی زندگی کا سارا لہو غزل کو سنوارنے، نکھارنے اور اسے ایک نئی تابندگی دینے میں صرف کیا ہو۔

میری نظر بار بار حسن نعیم پر پڑ رہی تھی۔ لیکن مجھے معلوم نہ تھا کہ اس سلسلے میں ان کا اپنا کیا رویہ یا پلان ہے، حسنِ اتفاق سے اِدھر دو مرتبہ مجھے "برگِ آوارہ" کے سلسلے میں دی تا جانے کا اتفاق ہوا اور دونوں بار میرا ان کا کافی ساتھ رہا، مختلف وقتوں میں شعر و ادب کے علاوہ بہت سے دوسرے موضوعات پر مرتبا دلِ خیال کا موقع ملا اور مجھے اس نتیجے پر پہنچنے میں کوئی دقت نہ ہوئی کہ ان کے اشعار کی طرح ان کی شخصیت بھی شگفتہ، جاذب اور تہہ دار ہے۔

پہلی ہی ملاقات میں یہ بھنک میرے کان میں پڑ چکی تھی کہ وہ اپنی غزلوں کا کوئی مجموعہ یا انتخاب بغرضِ اشاعت ترتیب دے رہے ہیں اور چاہتے ہیں کہ وہ جلد ہی چھپ جائے۔ لیکن اس موضوع پر پہلی بار میری ان کی گفتگو نہایت سرسری ہی ہو سکی اس لیے کہ کسی

تفصیل میں جانے سے پہلے ہی انہوں نے بات کا رخ پلٹ دیا' کسی بات کو خوبصورتی سے ٹال جانے کا فن بھی انہیں آتا ہے۔

دوسری بار جب میں وہاں گیا تو ترتیب کا کام تو آگے نہیں بڑھا تھا لیکن وہ اس موضوع پر کھل کر بات کرنے لگے تھے اور ان کے قریبی احباب بھی کتابت و طباعت کے مسئلے پر ان سے پوچھ گچھ کرتے تھے۔ .... ایک شام کو ایسا ہوا کہ جب ہم دونوں کسی شعری نشست سے واپس "ایوانِ غالب" لوٹ رہے تھے تو میں نے صاف الفاظ میں اپنی پیشکش ان کے سامنے رکھ دی جسے کچھ رد و قدر کے بعد انہوں نے قبول کر لیا اور اس طرح یہ مجموعہ آپ کے ہاتھوں میں ہے۔

ان کی شرائط میں سے ایک شرط یہ بھی تھی کہ کوئی "گر دو پیش" جلد کے ساتھ ہے اور یہ کہ کسی نقاد یا مبصر کی رائیں کتاب کے ساتھ شائع نہ ہوں۔ اس لیے کہ یہ رائیں شاعر کو کسی محدود دائرے میں رکھ کر دی جاتی ہیں، لیکن انہوں نے وعدہ کیا کہ وہ خود چند معنی خیز باتیں اپنی غزلوں کے تعلق سے لکھ کر دیں گے جسے میں بطورِ حرفِ آغاز شائع کر سکتا ہوں۔ چنانچہ قدرے انتظار کے بعد 'منظر و پس منظر' کے عنوان سے ان کا ایک مختصر لیکن نہایت معنی خیز مضمون موصول ہوا جو بشرکبِ اشاعت ہے۔

انہیں پابندیوں کی بنا پر میں بھی حسن نعیم کے کلام پر اپنے تاثرات لکھنے سے گریز کر رہا ہوں، پھر بھی اتنا لکھے بغیر چارہ نہیں کہ ان کے اشعار میں ایسی کیفیتِ HAUNTING ہے اور ان کے افکار میں ایسی دل نوازی ہے جن کے اسباب متن میں ڈھونڈے جائیں گے

یہ میری کوئی رائے نہیں، بلکہ میرا تجربہ ہے کہ ان کے اشعار قاری کو اپنی گرفت میں لے کر دیر تک سوچنے پر مجبور کرتے ہیں یہ مور تمثال ان کے نت نئے استعاروں یا ان کی اچھوتی تراکیب کی بنا پر ہے کہ اسی میں ان کے ترشے ہوئے ڈکشن کا ہاتھ ہے، یا بیک وقت ان سبھول کا، اس کے بارے میں آپ خود فیصلہ کریں، پوری کتاب حاضر ہے۔

محمود خاور

منظر و پس منظر

میرے خیال میں پائیدار شاعری کبھی محض جوہرِ ذاتی یا تحصیلِ علم کا نتیجہ نہیں ہوتی بلکہ احساس طبائع اپنے ماحول اور واقعاتِ زمانہ سے جو تاثرات اخذ کرتے ہیں اور جو تصادم اور کشمکش ایسے افراد اور ان کے خصوصی کلچر کے مابین ہوتی ہے، وہی زندہ رہنے والی شاعری کو جنم دیتی ہے۔

نئے احساسات اور خیالات سماجی حوالوں کے بغیر خالی خالی سے رہتے ہیں، خواہ انہیں ضبطِ نظم میں لانے کے لئے کتنے ہی دل کش استعارات، علامات یا دکشن کا لہ کہ بنایا گیا ہو۔ فکرِ فن کے مسائل بھی حیاتِ کائنات کے مسائل ہی کا ایک حصہ ہیں کیونکہ فکرِ محسوس، جو ادب کا سرچشمہ ہے، اسی دنیا کے تجربات و محرکات سے فیض یاب ہوتا ہے۔ یہی وجہ ہے کہ جو لوگ اپنے تہذیبی ورثے اور تخلیقی سرچشمے سے کنارہ کشی

کے ممنّی ہوتے ہیں، وہ اعلیٰ ادب سے خصوصی دلچسپی نہیں رکھتے، فطری ذہانت اور علم کی رہنمائی ایسی صورت میں اچھی شاعری سے رعایا بھی استوار کرتی ہے، جب کہ شاعر اپنی زبان کے جینئیس اور اپنے شعری روایات کا گہرا احساس بھی ہو اس لیے کہ عصری صداقتوں کا معنی خیز اظہار امانی وسائل سے ممکن ہے، جمالیاتی حس بھی عصری تفکّرات کے تابع ہے اور تہذیبی تربیت سے بے تعلق نہیں ہے۔

میں اپنی غزل میں لکھاں تک زندگی کے حرکی عناصر کو ہموسکا ہو بلا اور اپنے کلچر کے تضاد و تصادم کو پیش کر سکا ہوں، اس کا بہتر فیصلہ تو میرے ہم عصر قارئین ہی کر سکتے ہیں۔ میں اپنی طرف سے صرف یہی کہہ سکتا ہوں کہ متاثرین تجزیہ و تفتیش کے مراحل سے اس لیے گذرتا رہا ہوں کہ پرایہ بیان کو زیادہ سے زیادہ شخصی، انفرادی اور مکمل بنا سکوں۔

میری ذاتی زندگی بے شمار چھوٹے بڑے آلام اور حادثوں کے درمیان گذری ہے، اس کے اثرات میری غزلوں میں آپ کو جا بجا ملیں گے، پھر بھی دل نے شکست یا مایوسی کو حرزِ جان نہیں بنایا ہے، جہاں کہیں اور جب کبھی مسرّت کے لمحات میسر آئے ہیں، میں نے انہیں اپنے رنگ و رویتے میں حل کر لینے کی کوشش کی ہے، خواب کن حالات میں بھی امید سے رشتہ جوڑے رہنا میرے مزاج کا حاوی رجحان ہے، ہر کن کوئی تلاش کوئی جستجو مجھے بے چین رکھتی آرزوش آئندہ تصورات زندہ لینے کا حوصلہ بختے ہیں۔

ہوائے وادئ امید آتش آمیز است   کدا ضمیم نفسہا بہ جستجوئے مراد

ان غزلوں کو منتخب کرتے وقت یہ بات میرے مدنظر رہی ہے کہ میرے تمام فنی اسالیب آپ کے سامنے آ جائیں، کئی غزلیں جو ایک بھی امتیاز اور نیچ کی ہیں ان میں سے کوئی ایک غزل چن لی ہے۔ اردو قبول کا یہ عمل ۵۰ شے ۹۰ء تک کی غزلوں میں زیادہ نمایاں ہے۔ بعض غزلوں کے متعارف اشعار کو بھی میں نے یا تو حذف کیا ہے یا انہیں قدرے تبدیل کر دیا ہے، میرے مجموعہ میں میری تمام غزلیں بمع حذف شدہ اشعار شامل ہوں گی۔

اب سے پہلے جو میرا کوئی مجموعہ یا انتخاب شائع نہ ہو سکا تھا اس کی بیشتر ذمہ داری مجھ پر ہے، جب بھی کوئی بہانہ ملا میں نے اس کام کو ٹال دیا' میسے ایک مستقل وجہ ٹال مٹول کی یہ بھی رہی کہ کتاب کی اشاعت سے پہلے اور بعد جن آزمائشوں سے گذرنا پڑتا ہے وہ میرے بس کا روگ نہ تھے، اگر محمود خاور ان ذمہ داریوں کو قبول نہ کرتے تو شاید اس انتخاب کی اشاعت ابھی اور ٹلتی رہتی، میں محمود خاور کا شکر گذار ہوں کہ انہوں نے میری مشکلوں کو حل کیا۔

اس انتخاب کی اشاعت کے وقت وہ تمام احباب یاد آ رہے ہیں جو مجھے بار بار اس طرف متوجہ کرتے رہے اور اپنے مشوروں سے نوازتے رہے، جس تپاک اور استقلال سے میری یاد دہانی ڈاکٹر خلیل الرحمٰن اعظمی، شمس الرحمٰن فاروقی، والج نرائی راز' اسد حسین اللہ اسماعیل آرٹسٹ کہتے رہے اس کے نقوش میرے دل و دماغ پر تازہ ہیں۔

جب بھی جبّہ سکّہ کو میرو بازار یا نیویارک کے عباس و میکدہ میں خود کو تنہا اور

تبے گھر سا محسوس کرتا تھا تو مجھے بے اختیار عظیم آباد، علی گڑھ اور دلی کی بزم آرائیاں یاد آتی تھیں اور پہروں میں گندے ہوئے لمحات سے چمٹا رہتا تھا' اپنے تہذیبی مراکز سے دور رہ کر کم از کم شاعر و ادیب واقعی غریب الدیار ہو جاتے ہیں، خواہ کتنی ہی مادی آسائشیں انہیں مہیا ہوں' اس لئے آج مجھے وہ دور افتادہ رفیقانِ سفر یاد آ رہے ہیں جن کی معیت میں کتنے ہی شب و روز گذر رہے ہیں۔ ان ہی میں عارف جعفری' احمد جمال صادق' قمر رئیس' ڈاکٹر خورشید السلام' ظ ۔ انصاری اور ابوالخیر کشفی ہیں ۔

میری شاعری کے ابتدائی دور میں فصیح الدین بلخی مرحوم نے مجھے چند فنی اور عروضی نکات سے آگاہ کیا تھا' اس کے بعد سے اب تک ۔ کتنے ہی ہم عصروں نے اپنی تنقیدوں سے مجھے مستفید کیا' جن بزرگوں نے شروع ہی سے میری ہمت افزائی کی' ان میں لسبل عظیم آبادی' جمیل مظہری اور معین احسن جذبی کا میں شکر گذار ہوں' جس دید و آشنائی کے ساتھ احمد یوسف نے میرے اشعار کے تجزیے کئے ہیں ان کے لئے' ان کا تہہ دل سے ممنون ہوں'

اس کتاب کی اشاعتی داستان نامکمل رہے گی اگر میں ڈاکٹر اسلم پرویز کا شکریہ نہ ادا کروں، جنہوں نے منتخب شدہ غزلوں کو پڑھ کر مجھے کئی مفید مشورے دیئے ۔

حسن نعیم

۷؍ نومبر ۱۹۷۷ء   ایوانِ غالب' ۱۱ آصف سندری لین' نئی دہلی

میں غزل کا حرفِ امکاں، مثنوی کا خواب ہوں
دہر کی روداد لکھنے کے لئے بے تاب ہوں

میں ببولوں کی طرح پھولا پھلا ہوں دشت میں
ابر آئے یا نہ آئے میں سدا شاداب ہوں

موجِ صہبا ہوں اگر ہے ظرف یاراں آئینہ
کچھ غبار آئے نظر تو سر بسر گرداب ہوں

میں ہوں اک ویراں ستارا گر ہے کوئی ناشناس
کوئی ہے روشن نظر تو چشمہٴ مہتاب ہوں

کیا سمجھ کر مجھ سے الجھے ہیں حسن لیل و نہار
آپ اپنا روز و شب ہوں، آپ عالم تاب ہوں

ان کے لئے مہتاب ہے، جھیلوں کا سکوں ہے
میرے لئے پابندیٔ آدابِ جنوں ہے

مدت ہوئی، غزلوں سے گیا ذکرِ گلستاں
اب حرفِ غزل نوکِ سناں، موجۂ خوں ہے

چھوڑتا نہیں لاوے کی طرح دل کا دبستاں
جو شعلۂ افکار تھا، اب سوزِ دروں ہے

کچھ راز مکینوں کے ہیں، کچھ راز مکاں کے
اک چھت کے سوا اور بھی کچھ بارِستوں ہے

شل ہے نہ کسی وقت حسنِ جبر کا بازو
یہ سر بھی نگوں تھا نہ کسی آن نگوں ہے

○

ایک بھی حرف نہ تھا خوش خبری کا لکھا
نامۂ وقت ملا اور کسی کا لکھا

آ بسے کتنے نئے لوگ مکانِ جاں میں
بام و در پر ہے مگر نام اسی کا لکھا

موجۂ اشک سے بھیگی نہ کبھی نوکِ قلم
وہ انا تھی کہ کبھی درد نہ جی کا لکھا

کوئی جدّت تو کوئی حسنِ تغزل سمجھا
مرثیہ جب بھی کوئی اپنی صدی کا لکھا

بات شیریں سی لگی فن کے طرف دار عمل کو
قصّہ ہر چند حسنِ کوہ کنی کا لکھا

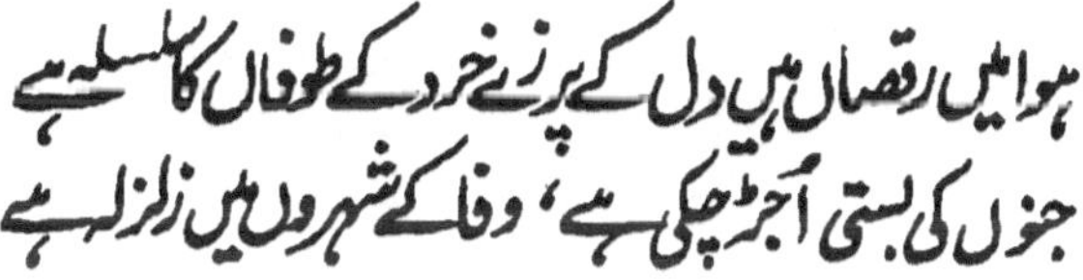

ہوا میں رقصاں ہیں دل کے پرزے خرد کے طوفاں کا سلسلہ ہے
جنوں کی بستی اجڑ چکی ہے، وفا کے شہروں میں زلزلہ ہے

تمام صحرا نواز لوٹے، سبھوں نے کنج چمن بسا یا
مگر جو صر صر سے تھی شکایت، وہی صبا سے انہیں گلہ ہے

میں جس کو دہشت میں ڈھونڈتا تھا، ہر ایک جنگل ہر ایک قریہ
وہ مصلحت کا لبادہ اوڑھے، صفِ علما کے قریں ملا ہے

وجود دامن سے کچھ زیادہ، ورودِ گل پر مہوا میں حیراں
ہر ایک کانٹے سے پوچھتا تھا، یہ پھول کس کے لئے کھلا ہے؟

ہزار رحمتوں سے آئے پھر، مگر جو دل کے مکیں نے پھینکا
اسی کو خلوت میں جو متا ہوں کہ لاکھ سجدوں کا یہ صلہ ہے

جو خواب کو رکھتے تھے گرم گردش میں ان خیالوں کو چھو چکا ہوں
بلا سے آنکھوں سے اشک ٹپکا، بلا سے پاؤں میں آبلہ ہے

نعیم جینے کی آرزو ہے تو آؤ مرنے کا ڈھنگ سیکھیں
یہی دیارِ بتاں کا آئیں، یہی زمانے کا فیصلہ ہے

◯

(درمدح قرۃ العین حیدر)

مدح دانش ہو جو اوصاف حمیدہ لکھوں
کوئی تو ایسا ملا جس کا قصیدہ لکھوں

جلوہ فرما ہے جو اوراق کے آئینوں میں
اس کی توصیف میں کیوں حرفِ شنیدہ لکھوں

جس نے ہر لفظ کو موتی سے گراں سمجھا ہو
اس کو کیا شاہِ صدف گوہر دیدہ لکھوں

ایسی گرمی ہے نگارش میں نوا کی ہے میں
جی یہ چاہے ہے اسے شعلہ گزیدہ لکھوں

اس کی تحریر میں خوشبوئے حنوں ہے اتنی
دل معطر ہو اگر میں گل چیدہ لکھوں

جس نے سو ناز اٹھائے ہوں الم کے اس کو
کیوں نہ اپنی ہی طرح درد کشیدہ لکھوں

مختصر گوئی بھی اک حُسنِ ثنا خوانی ہے
کیا ضروری ہے حسن ایک جریدہ لکھوں

دل وہ کشتِ آرزو تھا جس کی پیمائش نہ کی
سیرِ دنیا کے سوا ہم نے کوئی خواہش نہ کی

موتیوں سے چشم و جاں کو آئینہ خانہ نہ کیا
سیپ کے ٹکڑوں سے بام و در کی آرائش نہ کی

کس کو فرصت تھی کہ سنتا اس سفر کا ماجرا
جب اسی منزل نشیں کے ہونٹ نے جنبش نہ کی

اس نے جو بھی روپ دھارا اس نے جو بھی دکھ دیا
آدمی بننے کی ہم نے اس سے فرمائش نہ کی

کچھ قلم بندی سے مجھ کو عار تھا ورنہ نعیم
کب مرے ابرِ نگہ نے فکر کی بارش نہ کی

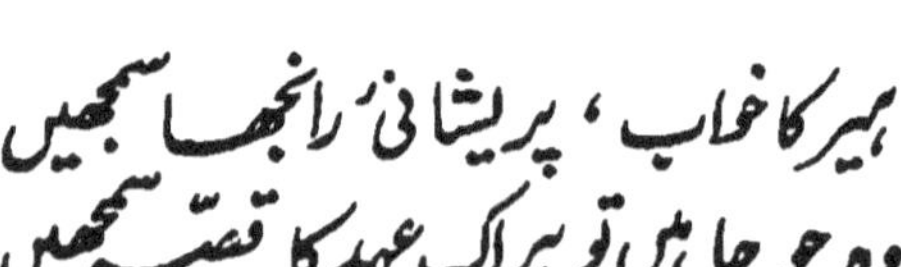

ہیر کا خواب، پریشانیٔ رانجھا سمجھیں
وہ جو چاہیں تو ہر اک عہد کا قصّہ سمجھیں

جل چکیں دشتِ نوردی پہ کتابیں گویا
میں کروں ذکر سرابوں کا وہ دریا سمجھیں

یہ ہنر کا بھی ستارہ ہے نہایت منحوس
ہم کسے غیر بتائیں کسے اپنا سمجھیں

اُن کی آنکھوں میں سے اک حرفِ گذارش بے تاب
اک نظر دیکھ لیں سب کو تو اشارا سمجھیں

اشتہار آپ بھی اخبار میں دیتے رہیئے
کیا بُرائی ہے جو نا فہم بھی یکتا سمجھیں

مور کا پنکھ لگا کر دہی ناچے بن میں
جن کو تھا شوق کہ سورج کو بھی سایہ سمجھیں

اُن کی باتوں کا خلاصہ یہی نکلا کہ حسن
ہم بھی اب وصل کو ارمان کی دنیا سمجھیں

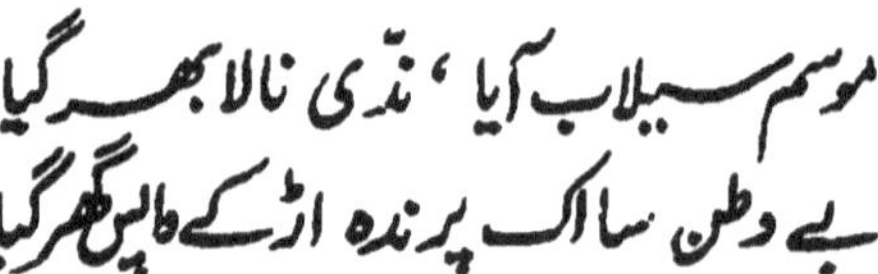

موسم سیلاب آیا، ندّی نالا بھر گیا
بے وطن سا اک پرندہ اڑ کے واپس گھر گیا

کیسی کالی رات بیتی، کیسا کالا دن چڑھا
جو بگولوں سے لڑا تھا وہ صبا سے ڈر گیا

پے بہ پے، تلوار چلتی ہے یہاں آفات کی
دستِ بازو کی خبر لوں تو سمجھیے سر گیا

اب شہیدوں میں رکھو یا اس کو شہید دل میں گنو
مرنے والا آگ کے دریا سے لڑ کر مر گیا

اس کو آتا ہے وفا کا ڈھنگ طرزِ دل بری
جب جدا مجھ سے ہوا وہ تب گلے مل کر گیا

رند ہونے کے علاوہ دوست ہو گا وہ نعیم
جوڑ کر ٹوٹا پیالہ جو سبد کو بھر گیا

جیسا کہ وہ حسیں مرے حسنِ بیاں میں تھا
اپنے لباسِ خاص نہ جسم عیاں میں تھا

وحشت سرائے ذہن میں وہ بھی تھا اجنبی
دل میں رہا مقیم تو اپنے مکاں میں تھا

اڑتے رہے پرندے کئی بحر و بر کے بیچ
لیکن کہاں وہ لطف جو اک آشیاں میں تھا

مجھ سے ہوا وہ دور تو کوہِ نورد ہوں
وہ تھا مرے قریب تو میں سائباں میں تھا

شہنائیوں کی گونج نے ردِ کا قدم کو جب
پگڈنڈیوں سے دور رہِ کہکشاں میں تھا

جھیلوں کے آس پاس تھے خیمے سکوت کے
ہنگامۂ حیات تو آبِ رواں میں تھا

مجھ جیسے زودِ رنج نہ کر پائے خودکشی
کچھ تو وفا کا ڈھنگ بھی جورِ جہاں میں تھا

بس وہ تھا جس کی بات بھلی یا بُری لگی
یہ وصف یہ کمال اسی مہرباں میں تھا

ان انگلیوں نے بڑھ کے اٹھایا قلم نعیم
ہیروں کا ورنہ کان بھی دستِ گماں میں تھا

مال و متاعِ دشتِ سرابوں کو دے دیا
جو کچھ زرِ خیاں تھا، خرابوں کو دے دیا

رکھنے کا جو گہر تھا اسے دل میں رکھ لیا
بکنے کا تھا جو مال، کتابوں کو دے دیا

سبزوں کو خوش لباس بنا کر زمین نے
کچھ رشک کا جواز گلابوں کو دے دیا

اپنے لہو کی بوند بنا کر دمِ نشاط
اک سوزِ لازوال شرابوں کو دے دیا

آئے نہ جب گرفت میں سیف و قلم نعیمؔ
اپنا تمام کرب ربابوں کو دے دیا

آرام کی تلاش جنوں کا چلن کہاں
صحرا کی طرح میں بھی کہیں خیمہ زن کہاں

جس دشت کے مزاج سے گنگا تھی آب آب
اس دشت سے نکلتے نہرِ جبن کہاں

چہرہ پہ لکھ چکا ہوں میں خطِ غبار میں
کھوئی ہے کیسے عمر، گنوایا ہے دھن کہاں

تہذیبِ قتل گاہ نے اتنا سکھا دیا
مرنا کہاں کمال ہے، جینا ہے فن کہاں

چھوٹا دیارِ یار تو اب فکر ہے نسیم
کس دشت کو بسائیں، بنائیں وطن کہاں

جس جگہ میں نرمیٔ اظہار بھی، پتھر بھی تھا
چاندنی تھی، چشمۂ انوار کا منظر بھی تھا

اُس عمارت میں رہا ہوں مُلتقیٰ جس کے قریں
رقص کا بازار بھی، آلام کا دفتر بھی تھا

یار کے قدموں سے لے کر دار کے پہلو تلک
شعور جو کچھ دل کے اندر تھا، وہی باہر بھی تھا

فکر کے سبز دل کو روند آیا ئے دانش سنے جہاں
جھاڑیوں میں سر چھپائے وقت کا لشکر بھی تھا

لہ بند کر کے میں کھلا اوہام کا دفتر بھی تھا۔   (ظفر اقبال)

کچھ خدا سے ہے ہمیں شکایت، کچھ فرشتوں سے گلہ
اس سے کیا شکوہ کروں میں جو کبھی بندہ بھی تھا

بھول بھی جاتے اپنے اوّلیں محبوب کو
داستانِ زندگی کا ہر ورق از بر بھی تھا

اک تمنا ہاتھ میں تلوار لے کر جب اٹھی
دل ہی دل میں خواہشوں کو خواہشوں کا ڈر بھی تھا

جس کلی کے قلب میں ہنگامہ خوشبو تھا بند
کیا خبر تھی سیر دنیا کا بسا محشر بھی تھا

دل کہ اب ہے جسم کا بے آب سا گوشہ نعیم
چاند کا آئینہ خانہ، بادلوں کا گھر بھی تھا

اک خوف اپنی روح میں گم ہے مشدید ہے
افکار کے بدن پہ لباسِ امید ہے

اشجارِ سایہ دار کہ ایوانِ آگہی
جو کچھ ہے اپنے پاس جنوں کی خرید ہے

جاری ہے حکم قتل بلا مُہر و دستخط
سر اپنا ہے قلم ذہہو کی رسید ہے

سب سے حسین ملک ہے خوابوں کی سرزمیں
سب سے قدیم شہر دماغِ جدید ہے

ہم ہی نہیں ہیں ایک شہید ادائے دلبر
مہتاب سا بزرگ بھی اس کا شہید ہے

قبضے میں جس کے لفظ کا فانوس ہے نعیم
تہہ خانہ خیال کی گویا کلید ہے

یہی تو غم ہے وہ شاعر' نہ وہ سیانا تھا
جہاں پہ انگلیاں کٹتی تھیں' سر کٹانا تھا

مجھے بھی ابر کسی کوہ پر گنوا دیتا
میں بچ گیا کہ سمندر کا میں خزانہ بھتا

تمام لوگ جو وحشی بنے تھے' عاقل تھے
وہ ایک شخص جو خاموش تھا' دوانہ تھا

مرے لئے نہ یہ مستی نہ آگہی ہے حرام
مجھی کو بزم سے اٹھنا تھا' سر اٹھانا تھا

تمام سبزہ و گل تھے ملازمِ موسم
کلی کا فرض ہی گلشن میں مسکرانا تھا

پتہ چلا یہ ہواؤں کو سر پٹکنے پر
میں ریگِ دشت نہ تھا سنگِ صدر زمانہ تھا

وہ میرے حال سے مجھ کو پرکھ رہے تھے حسن
مری نگاہ میں ماضی کا اک فسانہ تھا

○

شہر یار وقت کا یا عشق کا حملہ ہوا
با وفا لوگوں کا گھر ہر دور میں لوٹا گیا

یہ غنیمت ہے کہ سر ہے زیرِ مہر و ماہتاب
اندھیاں اٹھیں تو خیمہ ناع گا کر اڑ گیا

کچھ خطوطِ دست میں تھا کچھ کتاب نجم میں
جو نہ ہو نا تھا وہ اپنے پاس تھا لکھا ہوا

ان کی حسرت بھی وہی تھی جو تھی اپنی آرزو
اتفاقاً ایک دن اس بات کا شبہہ ہوا

اس کی اپنی طولِ عمری کس قدر بے کیف تھی
وہ مراقب کن دھنوں میں رات بھر یا جم بجا

جب ہوا میں رقص کرتی جا رہی تھی اک پتنگ
جلنے کس کے دل کا ٹکڑا چھت سے گر کر مر گیا

کس طرح قطب بین ملتے، مل گئے پھر بھی حسن
حُسن کا ان کو نشہ تھا، عشق کا مجھ کو نشہ

ندائے مست سے بھرتے ہیں خالی جام کم خواب
کسے مجال کہ توڑے گدائے شام کم خواب

لگا ہوا ہے کئی دن سے وصل کا بازار
کہو یہ ہجر سے آگے بڑھائے کام کم خواب

فسردگی بھی قیامت اٹھانے والی ہے
اٹھی ہے خاک کہ چورے فراز بام کم خواب

سنے گا ہند تو اس سے کہوں گا درد وفا
مرے جنوں سے غرض کیا عراق و شام کم خواب

عجیب پیار سے اس نے حسن کہا تھا نعیم
میں کس طرح سے بھلاؤں گا اپنے نام کم خواب

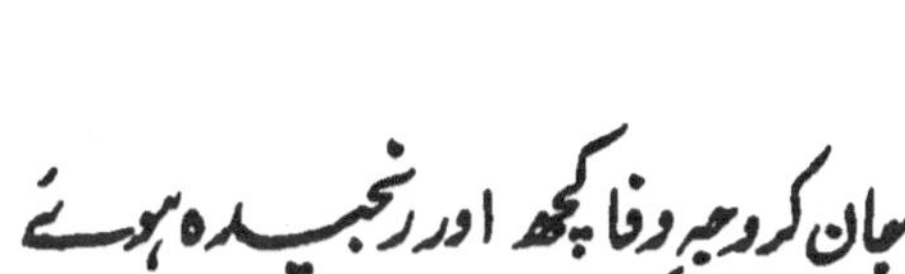

جان کر وہ میری وفا کچھ اور رنجیدہ ہوئے
ملکِ دل کی خاک چھانی تو جہاں دیدہ ہوئے

وہ نظر میں تھا نہ کچھ بیں تھے نگہ کے زاویئے
جائزہ اپنا لیا تو اس کے گرویدہ ہوئے

آفتوں کو ہنس کے ٹالا غم کو جانا اک مذاق
دل نہ مانا تو کبھی دم بھر کو سنجیدہ ہوئے

اُن کا عیبِ خاص جب سے اک ہنر ثابت ہوا
اُن کے جتنے عیب تھے دل کو پسندیدہ ہوئے

سر پہ جو پتھر لگے تھے ان کی قیمت اور تھی
وہ تراشیدہ ہوئے کہ ناتراشیدہ ہوئے

دی گئی تعلیم دوری جن کو بچپن سے حسنؔ
کیا سمجھ کر آپ ان کے پاس نادیدہ ہوئے

تھی کہاں بو باس ان کی برگِ صحرا میں نعیمؔ
سائباں میں جو کھلے تھے وہ گل چیدہ ہوئے

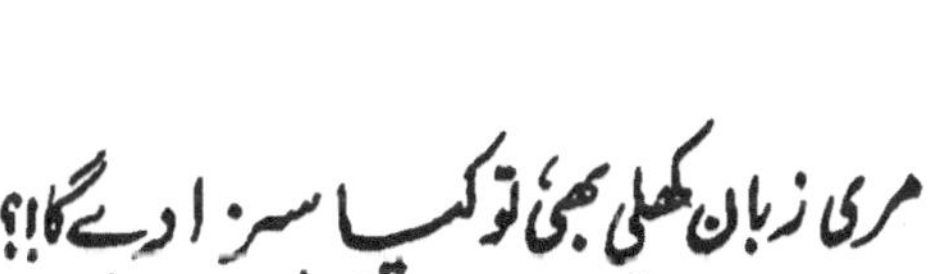

مری زبان کھلی بھی تو کیا سزا دے گا؟!
بہت ہوا تو مجھے بزم سے اٹھا دے گا

کھڑا ہوا ہوں مثالِ گیاہ طوفاں میں
کوئی درخت نہیں ہوں کہ وہ گرا دے گا

بلا سے راستہ روکے کھڑا ہے اک مجمع
کوئی تو بھیڑ سے بچنے کا راستہ دے گا

جہاں ہے نعرۂ مستاں، وہیں ہے شہنائی
دبی پکار تو نغمہ ہمیں سلا دے گا

نہ ہو ملول بہت طرزِ خوش جمالاں سے
انہیں میں کوئی وفا کیش دل بڑھا دے گا

نہ دل بجھاؤ، جو شمعِ لذا ہے افسردہ
ہمیں میں کوئی جیالا اسے جلا دے گا

بہت سے باغی و سرکش ہیں قیدیوں میں حسن
کوئی تو جان پہ کھیلے گا، سر کٹا دے گا

مری مژہ پہ جو قطرہ دکھائی دیتا ہے
تری پلک پہ ستارہ دکھائی دیتا ہے

اگر اُڑان ہو اونچی تو براعظم بھی
ہرا بھرا سا جزیرہ دکھائی دیتا ہے

جو ڈوبنا ہو مقدر تو عین ساحل پر
سمندر کی اُدر کنارا دکھائی دیتا ہے

ابھی یہ آگ نہ دریا نہ ابرِ باراں سے
ازل سے شجر پیاسا دکھائی دیتا ہے

اسے سراب بھی حیران نہ کر سکا جس کو
دلِ گلاب میں صحرا دکھائی دیتا ہے

یہ شخص جس کو لطیفے ہیں سینکڑوں ازبر
ہنسے تو اور فسردہ دکھائی دیتا ہے

میں اس کی تان سے یوں جذب کا سراپا ہوں
وہ ہر خیال کا نغمہ دکھائی دیتا ہے

وہ میرے شعر کی مانند کج کلاہ سہی
نظر ملاؤ تو اپنا دکھائی دیتا ہے

میں اپنی روح میں اس کو بسا چکا اتنا
اب اس کا حسن بھی پردہ دکھائی دیتا ہے

اسی پہ ختم ہیں یاروں کی محفلیں بھی نعیم
جو دیکھنے میں اکیلا دکھائی دیتا ہے

قصیدہ تجھ سے، غزل تجھ سے، مرثیہ تجھ سے
ہر ایک حرف ہوا صاحبِ نوا تجھ سے

زبان کشائی نغمہ سے کھلی کتابِ خیال
ورق ورق پہ کھلا برگِ مدعا تجھ سے

زمیں سے پھوٹ پڑا چشمۂ بغولِ ساماں
گلوں میں سرد پڑی آتشِ قبا تجھ سے

کہاں سے زود فراموشیوں کی خو سیکھی
جو دیکھے تو نہ تھی برق آشنا تجھ سے

پہنچ تو جاتا سرِ خیمہ وفا آباد
مگر ہے سست قدم عمرِ تیز پا تجھ سے

کئے تھے کام جو دل کے سپرد ان کو بھی
دماغِ دہر سے بڑھ کر ہے اب گلہ تجھ سے

ہوا جو کچھ تنقید میں حسن رسوا
ملا یا غیب نے غالب کا سلسلہ تجھ سے

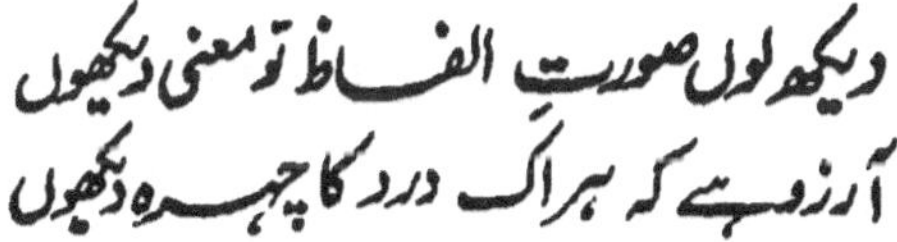

دیکھ لوں صورتِ الفاظ تو معنی دیکھوں
آرزو ہے کہ ہر اک درد کا چہرہ دیکھوں

قصبہ و شہر میں ہے آگ کا طوفاں برپا
کون سی شاخ پہ چڑھ کر یہ نظارہ دیکھوں؟

کوچہ ویراں ہے، مستقل سوچ رہا ہے کب سے
کیا دھرا ہے جو مکینوں کا میں رستہ دیکھوں

مثلِ سیاح کھڑا سوچ رہا ہوں میں بھی
دیکھوں میں حلقۂ زنجیر کہ دنیا دیکھوں

شورِ زنداں میں یہی باعثِ تسکیں ٹھہرا
آنکھ جھپکاؤں تو ممکن ہے کہ سپنا دیکھوں

مجھ کو ہر رنگ میں وہ شخص بھلا لگتا تھا
اس کو نم دیدہ و خاموش کہ ہنستا دیکھوں

اک ندا کوہ کی چوٹی سے بلند ہے کہ حسن
جھاڑیوں گرد سفر آس کا خیمہ دیکھوں

یاد کا پھول سرِ شام کھلا تو ہوگا
جسم مانوس سی خوشبو میں بسا تو ہوگا

قطرۂ مے سے دبا رات نہ طوفانِ طلب
مجھ پہ جو بیت گئی رات سنا تو ہوگا

کوئی موسم ہو یہی سوچ کے جی لیتے ہیں
اک نہ اک روز شجرِ غم کا ہرا تو ہوگا

یہ بھی تسلیم کہ تو مجھ سے بچھڑ کے خوش ہے
تیرے آنچل کا کوئی تار ہِلا تو ہوگا

وہ نہ مانوس ہوں کچھ خاص علامت سے حسن
ایک قصّہ مری آنکھوں نے کہا تو ہوگا

○

ہاتھ پھیلایا نہ منعم کا نوالہ توڑا
میں ہوں وہ جس نے خموشی کا پیالہ توڑا

آج آتش کدۂ غم سے ملا اک گل داں
ہم نے لب سے ترے وہ پھول نرالا توڑا

وار کرنے کے لئے لائے تھے کیا کچھ احباب
روک لی دل پہ سناں' فرق سے بھالا توڑا

عمر جب بیت گئی دشت نوازی میں حسن
ان کی پلکوں نے مرے پاؤں کا چھالا توڑا

باغ کو باغ کیا خوشبہ محنت سے نعیم
دست گل کھینیا' نہ پیمانۂ لالہ توڑا

دل میں ہو آس تو ہر کام سنبھل سکتا ہے
ہر اندھیرے میں دیا خواب کا جل سکتا ہے

عشق وہ آگ جو برسوں میں سلگتی ہے کبھی
دل وہ پتھر جو کسی آن پگھل سکتا ہے

ہر نظر اٹھتی ہے لئے ہاتھ میں آشا بندھن
کون جنجال سے جیون کے نکل سکتا ہے

جس نے سارا جہان کے لئے اپنے نگر کو چھوڑا
سر اٹھا کر وہ کسی شہر میں چل سکتا ہے

میرا محبوب ہے وہ شخص جو چاہے تو نعیم
سوکھی ڈالی کو بھی گلشن میں بدل سکتا ہے

پتہ نہیں کہ وہ چہرے کا رنگ تھا کیا تھا
لہو نچوڑ کے جلنے کا ڈھنگ تھا کیا تھا

نکل پڑی ہے مری روح کیوں برہنہ پا
لباسِ عشق بہت دل پہ تنگ تھا کیا تھا

خبر نہیں کہ انہوں نے کہاں پہ سر پھوڑا
خرد کے طرۂ لعلیں میں سنگ سخت کیا تھا

پڑی ہے خاک پہ اک لاش تو چلو دیکھیں
یہ اپنے دیش کا باسی ملنگ تھا کیا تھا

نعیم سکتے جھمن اور کھل اٹھے دل میں
وصالِ یار ہی خوشبو تھا رنگ تھا کیا تھا

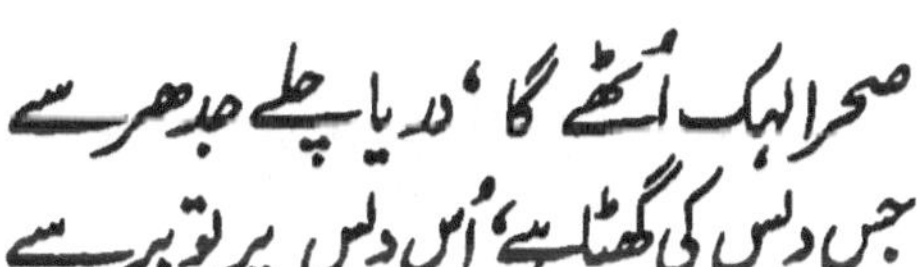

صحرا الہک اٹھے گا 'دریا چلے جدھر سے
جس دیس کی گھٹا ہے 'اُس دیس پر تو برسے

مکتوبِ یار ہوتا تو حرف حرف پڑھتے
تحریر وقت پڑھ لی 'ہم نے اِدھر اُدھر سے

کیا مجھ میں دیکھتی ہے وقتِ وداع و آمد
پوچھوں تو بوسہ لے کر اس چشم با خبر سے!

جیسے ہی شام آئی، جوڑا البطوں کا اترا
جس پیڑ کے تلے تھا، اک شخص دوپہر سے

شرطِ وفا نبھائی اک دور کے سفر کی
ویراں سی خواب گہہ میں، مانا بدن کو ترسے

مجبوریاں بہت تھیں دستِ وفا طلب کی
دامن پکڑ کے ان کا چھوڑا ہے اپنے ڈر سے

ہم کو نعیم اس کی اب فکر ہی نہیں ہے
کوئی بٹھائے سر پر، کوئی اٹھائے در سے

جو غم کے شعلوں سے بچ گئے تھے، ہم ان کے داغوں کا ہار لائے
کسی کے گھر سے دیا اٹھایا، کسی کے دامن کا تار لائے

یہ کوہساروں کی تربیت ہے کہ اپنا خیمہ جما ہوا ہے
ہزار طوفاں سناں چلائے، ہزار موج غبار لائے

کسے بتائیں کہ غم کے صحرا کو خلدِ دانش بنایا کیسے؟
کہاں سے آبِ رواں کو موڑا، کہاں سے بادِ بہار لائے

ہر ایک راہِ جنوں سے گزرے، ہر ایک منزل سے کچھ اُٹھایا
کہیں سے دامن میں غمِ سمیٹا، کہیں سے جھولی میں پیار لائے

خلا کے ماتھے پہ ایک بندی نہ جانے کب سے چمک رہی تھی
اسے بھی اپنی زمیں کی خاطر، ہوا میں اُڑ کر اُتار لائے

جو اپنی دنیا بسا چکا ہے، اُسے بھی مشکل کا سامنا ہے
کہاں سے شمس و قمر اُگائے، کہاں سے لیل و نہار لائے

وہی شباہت، وہی ادائیں، مگر وہ لگتا ہے غیر جیسا
نعیم یادوں کی انجمن میں نہ جانے کس کو پکار لائے

"تم کو جانا ہو زمیں تک تو کہو کچھ لب سے"
یوسف روز نے فرمایا نگار شب سے

تم کہ ہو یاس کی وادی میں جھکائے ہوئے سر
ہم کہ امید کی سرحد پہ کھڑے ہیں کب سے

کتنی یا دوں کو کیا قیدِ مکاں سے آزاد
کتنی یا دوں کو ہوں چکڑے ہوئے تار شب سے

ابرو باراں کی دعا رحمت نے جب سے مانگی
ہے سرابوں کو پریشانیٔ خاطر تب سے

دی اذاں اس نے بہت اپنے منارں سے حسن
کچھ ہیں معذور یہ حسن کے تاب و تب سے

خورشید کی نگاہ سے شبنم کو آس کیا
تصویرِ روزگار سے دل ہوا داس کیا

شہرتِ کی گرد، خواب کے طوفاں، غموں کی دھول
اِن کے سوا ہے اور زمانے کے پاس کیا

ٹوٹا نہ زورِ غم، نہ زمانے کا سر جھکا
نکلے گی وصل یا کے دل کی بھڑاس کیا

ہم کو کتابِ زیست کا ہر باب حفظ ہے
اک بابِ غم کا صرف پڑھیں اقتباس کیا

نکلے نہیں زہر کرب میں بجھ کر تمام لفظ
گھولیں سبو سے شعر میں غم کی مٹھاس کیا

جن کی نظر میں ہیچ ہے تاجِ ہوس نعیم
ان کے حضور میں کیا، مری التماس کیا

جنوں سے قیمتِ حسنِ طلب وصول کر و
مرا سلام، مری بندگی قبول کر و

مرے لہو میں ہیں خوابیدہ ابر و بادِ حیات
مجھے نہ یاس کے طوفانو! یوں ملول کر و

میں در کے پاس کھڑا ہوں نکل چلو اس رات
تم اپنے خواب سے بچنے کی اب نہ بھول کر و

جمال یار کو یادوں میں یوں کرو تحلیل
ہنسی کو موجِ صبح جمی، لبوں کو پھول کرو

وفا کے سارے قواعد بتا رہے ہو جسے
بیان اس سے محبت کے بھی اصول کرو

کبھی تو سر سے اتارو خمارِ خواہشِ طلبی
درازدست بنو، خواہشیں فضول کرو

روش روش پہ اٹھاؤ گلوں کے نازِ نعیم
میانِ دشت مگر خدمتِ ببول کرو

ڈھونڈتا تو صرف آنچ ہے، شعلہ کہیں نہیں
جلتا ہے دل کہ غم کا سراپا کہیں نہیں

آنکھوں کی خاک دھول کو شبنم سے دھوئیے
جو تھا نگارِ دشت وہ چشمہ کہیں نہیں

تفصیلِ غم تو درج ہے لوحِ حیات پر
خود زندگی کا کوئی خلاصہ کہیں نہیں

کہتے تھے کچھ رفیق جو آئے ہیں لوٹ کے
وہ تحفۂ گلاب و خیمہ کہیں نہیں

اس گھر میں سب مریدِ اُسی مہرباں کے ہیں
جس پیکرِ جمال کا جلوہ کہیں نہیں

سامانِ صد چمن تھا اٹھائے ہوئے نعیم
وہ کاروانِ ابر جو اُترا کہیں نہیں

نہ میرے خواب کو پیکر، نہ خد و خال دیا
بہت دیا تو مجھے موقعِ وصال دیا

ملا نہ روح نہ دل کا کوئی حساب مگر
یہ کارِ زیست کسی طور سے سنبھال دیا

تمام عمر کی سب سے قیمتی شے کا اجر تھا یہ
مرے جنوں کو خرد کہہ کے اس نے ٹال دیا

کسی نگاہ نے امید کو دیا چہرہ
کسی تشبیہ نے سب سے حسیں خیال دیا

مرے عیوب کی تصویر اس طرح کھینچی
مرے ہنر کو پسِ پشت اُس نے ڈال دیا

کئی خیال جو آوارہ خو تھے، سرکش تھے
اُنھیں بھی شعر کے سانچے میں ہم نے ڈھال دیا

اُسی نے سر پہ بٹھایا تھا جس نے آج نعیم
سمجھ کے پاؤں کا کانٹا مجھے نکال دیا

میں کس ورق کو چھپاؤں، دکھاؤں کون سا باب
کسی جبیب نے مانگی ہے زندگی کی کتاب

اُنھیں سے شب میں اُجالا اُنھیں سے نورِ خیال
مرے لئے تو بہت کچھ میں دیدۂ بے خواب

ہمیں نہ بھولنا اے آلامِ صد زماں کہ یہاں
ہمیں ہیں مسکنِ حرماں، ہمیں ہیں بیتِ عذاب

گیا تھا دشت سے اٹھ کر سمتِ دردوں کی طرف
وہاں بھی تشنہ نصیبی، وہاں بھی مرگِ سراب

پکڑ کے دامنِ دل، یا جھکا کے سر اپنا
دریا ہے خوابِ شکستہ کا ہر کسی کو حساب

وہ آنکھیں پیار کے لہجے میں کہہ رہی تھیں حسن
ہمیں سے مانگ پیالہ، ہمیں سے مانگ شراب

ہوا بہار کے موسم میں یوں جسے کہ نعیم
نہ سرخ رُو تھا گلستاں، نہ سرخ رُو تھے گلاب

چہرے پہ مہرِ غم ہے مگر خط و خال کی طرح
ماضی بھی دم کے ساتھ ہے اب حال کی طرح

پتّے تھے خاک بوس تو شاخیں تھیں سرنگوں
کنجِ چمن بھی تھا ، دلِ پامال کی طرح

تہذیب ہے کہ آئے تو ہنس بول کر گئے
چپکے سے جائیے نہ مہ و سال کی طرح

اپنے حروفِ شوق جو شعلہ بجاں تھے کل
ٹھنڈے پڑے ہیں آج وہ اقوال کی طرح

سب کے مثالیے دیکھ کے دل نے صلاح دی
گردش میں کیوں کیوں پڑو کسی رمّال کی طرح

انجیل میں مہینہ باندھ کے اسے رات آ بھی جا
یہ دن لگا ہے جان کو جنجال کی طرح

رکھیے بچا کے اپنا دفینہ حسنؔ نعیم
غم کو لٹائیے نہ زرِ مال کی طرح

پوچھتی تھی کہ شبِ وصل کا پیغام ملا
سو گئے تھے خواب کی باہوں میں جو آرام ملا

ڈھونڈتے رہے شب و روز امیدوں کے قلعے
کوچہ زلیست میں لے دے کے یہی کام ملا

خوبیِ بخت کہ جب بھول چکا تھا سب کچھ
بے وفائی کا لبِ غیر سے الزام ملا

پا پیادہ تھا مگر راہ میں وہ دھوم مچی
جھک کے تعظیم سے شہزادۂ ایّام ملا

ہم نے بیچی نہیں جس روز متاعِ غیرت
اک پیالہ بھی نہ مے کا ہمیں اُس شام ملا

مختصر یہ ہے کہ جب وقتِ وداعِ گل تھا
خواب میں آ کے گلے مجھ سے وہ گلفام ملا

ہم جنوں ہے کہ نہیں راہ میں پوچھیں گے نعیم
دشتِ غربت میں یہ کیا کم ہے کہ ہم نام ملا

سارے جہاں کی سیر کا امکان مل گیا
بوئے چمن ٹھہر راہ میں طوفان مل گیا

سوزِ وفا کو حُسن کا پیغام کیا ملا
اک غم زدہ کو میرؔ کا دیوان مل گیا

مشکل پسندیوں سے طبیعت جو خوش ہوئی
دشواریوں کو حیلہٴ آسان مل گیا

مغرب ہے یہ وہ دیار کہ بوس و کنار کیا
مٹی میں یاں وصال کا ارمان مل گیا

یاد دیں تھیں محوِ خواب تو نغمے تھے گم نسیم
کشتیٴ دل کو تو شعلہ کا سامان مل گیا

کوئے رسوائی سے اٹھ کر دار تک تنہا گیا
مجھ سے جیتے جی نہ دامنِ خواب کا چھوٹا گیا

کیا بساطِ خار و خس تھی، پھر بھی یوں شب بھر جلے
دو شش پر با و سحر کے دور تک شعلہ گیا

روح کا لمبا سفر ہے ایک بھی انساں کا قرب
میں چلا بر سول تو ان تک جسم کا سایہ گیا

کس کو بے گردِ مسافتِ شوق کی منزل ملی
نغمہ گر کی خلوتوں تک بار ہا نغمہ گیا

کون مجھ کو ڈھونڈتا تھا، کچھ پتا چلتا نہیں
بزمِ خوباں میں ہزاروں بار میں آیا گیا

ہم وہ شاعر کہ سناتے ہیں سرودِ جاں حسن
ایک بھی شعلہ نفس محفل میں گر دیکھا گیا

مل گئے جب نرمآدیشور دشتِ غربت میں نعیم
اک نیا رشتہ عظیم آباد سے جوڑا گیا

کتابِ علم ہے قطرہ بھی، بحر کی مانند
فسانہ دہر کا تشنہ ہے دہر کی مانند

ترا خیال جو میٹھا سا درد تھا پہلے
اتر گیا ہے رگ و پے میں زہر کی مانند

یہ دل کہ قصبہ گمنام سے مشابہ تھا
ترے قدم سے ہے معروف شہر کی مانند

ہر ایک سمت سے گھیرا تھا تیرہ بختی نے
بچا لیا ترے گیسو نے سحر کی مانند

مجھے خبر ہے مرا منتظر ہے کون نعیم
رواں ہوں سمندرِ سمندر میں نہر کی مانند

ایک داغِ مستقل ہے قربِ یاراں کا صلہ
چاند کو اس کے علاوہ آسماں سے کیا ملا

عجز ہے سازِ نغمہ کا مدہ شب کے دو بدو
دور تک پھیلا ہوا ہے روشنی کا سلسلہ

غم کی اپنی منطقیں، خوشیوں کے اپنے فلسفے
دل نے رکھا پھر بھی خواب نو بہ نو کا حوصلہ

اب تو آجاؤ کہ ہم نے کاٹ لی قیدِ انا
انتظار روشنی میں اپنا دیدہ بہہ چلا

کس طرح اب باندھیے گا عشق کے مضموں نعیم
یاں وصالِ یار بھی ہے اقتصادی مسئلہ

خواب کی راہ میں آئے نہ در و بام کبھی
اس مسافر نے اٹھایا نہیں آرام کبھی

رشکِ مہتاب ہے اک داغِ تمنا کبھی
دل کا نظارہ کرو آکے سرِ شام کبھی

شبِ ہجراں سے کہا تھا کہ ستارے لرزے
ہم نہ بھولیں گے جدائی کا وہ ہنگام کبھی

سرکشی اپنی ہوئی کم، نہ اُمیدیں ٹوٹیں
مجھ سے کچھ خوش نہ گیا موسمِ آلام کبھی

ہم سے آواروں کی صحبت میں ہے وہ لطف کہیں
دو گھڑی مل تو سہی، گردشِ ایّام کبھی

اے صبا میں بھی تھا آشفتہ سروں میں یک تا
پوچھنا دلّی کی گلیوں سے مرا نام کبھی

جب کبھی میرے قدم سوئے چمن آئے ہیں
اپنا دکھ درد لئے سرد و سمن آئے ہیں

پاؤں سے لگ کے کھڑی ہے یہ غریب الوطنی
اس کو سمجھاؤ کہ ہم اپنے وطن آئے ہیں

جھاڑ لو گردِ مسرت کو بٹھالو دل میں
بھولے بھٹکے ہوئے کچھ رنج و محن آئے ہیں

جب لہو روتے ہیں برسوں تو کھلی زلفِ خیال
یوں نہ اس ناگ کو لہرانے کے فن آئے ہیں

کچھ عجب رنگ ہے اس آن طبیعت کا نعیم
کچھ عجب طرز کے اس وقت سخن سکتے ہیں

(بہ یادِ پرویز شاہدی)

○

یہی وجہہ السم ٹھہری، محبت کے فسانے میں
وہ ہشیاروں کی خو ڈھونڈا کیے بانکے دِوانے میں

وہ بزمِ فکر و فن ہو، یا ستم رانوں کا مجلس ہو
عجب اک شان آنے میں، عجب اک شان جانے میں

فقیہہ شہر کا ڈر تھا، نہ ڈر تھا شہریاروں کا
جو شعلہ دل میں رقصاں تھا وہی تھا ہر ترانے میں

زہے قسمت عظیم آباد نے جوہر شناسی کی
اڑی ہے خاک جب پرویز کی ویران خانے میں

نگاہیں دیکھ لیتی ہیں جہاں ہیں درد کے چشمے
وہ چہرہ ڈوب جاتا ہے نعیم آنسو بہانے میں

____

۱ مجموعہ کلام "رقصِ حیات" دوسرا مجموعہ انتقال کے بعد "میراثِ حیات" کے نام سے شائع ہوا۔

۲ مرے جوہر نے رسوا کر دیا مجھ کو زمانے میں ؛ وہ جلوہ ہوں جو ٹکراتا پھرا آئینہ خانے میں
                                                                              (پرویز شاہدی)

گیا وہ خواب، حقیقت کو رو برو کرکے
بہت اداس ہوں میں اُن سے گفتگو کرکے

انہی میں ایک نے مجلس میں سرفراز کیا!
ملے ہیں داغ کئی ان کی آرزو کرکے

کرو نہ دفن کہ مقتل کا نام اونچا ہو
لٹا دو خاک پہ لاشے کو قبلہ رو کرکے

اٹھو نعیم کہ باغِ عدم سے ہو آئیں
وہیں سے گئے ہیں تپشِ دل کو یوں لہو کرکے

____

لے سب سے بڑے بھائی سید احمد تپش

کوہ کے سینے سے آبِ آتشیں لاتا کوئی
اس نوا سے آگہی کو ڈوب کر گکا تا کوئی

دیکھنا مستی کا سنگم، لب ہے یا گفتار ہے
جام سے میرے جو اپنا جام ٹکرا تا کوئی

بادلوں کی طرح سے آیا، برق آسا چل دیا
چاند کی مانند شب بھر تو ٹھہر جاتا کوئی

حسن کا دل سے تعلق دائمی ہے، گرم ہے
ورنہ کس کا کس سے ہے رشتہ کوئی، ناتا کوئی

سازِ شعلہ پر سناتا گیت پورب دیس کے
اتنی بے مہری ہے برسوں آگ برساتا کوئی

مانگنے کو مانگ لیں اشعارِ غم سے دلکشی
مل نہیں سکتا ہے ان کو فکر سا داتا کوئی

نازشِ فردا مرا اوجِ تغزل ہے نعیم
رنگ ہوتا آج گر کچھ قدر فرماتا کوئی

وہ کج نگاہ نہ وہ کج شعار ہے تنہا
بس اک پیمبرِ جنّت نثار ہے تنہا

نہ بلبلوں کی اذاں ہے نہ تتلیوں کا طواف
ابھی چمن میں کلی تو بہار ہے تنہا

اٹھائے منّتِ صرصر کہ نازِ بادِ نسیم
ہر ایک حال میں صحرا اشکار ہے تنہا

فلک نجوم سے روشن، زمیں چراغوں سے
ہجومِ نور میں اک شامِ تار ہے تنہا

جمی ہے بزمِ مسرت غزالِ چشموں سے
ملی ہے جس کو نظر اشکبار ہے تنہا

ہمیں نے خیمۂ ہجراں میں کاٹ دیں راتیں
ہمیں کو فکر تھی بے حد کہ یار ہے تنہا

پہل پہل ہے بہت یوں تو میکدے میں نعیم
میانِ جام و سبو بادہ خوار ہے تنہا

بیانِ شوقِ بینا، حرفِ اضطراب بنا
وہ اک سوال کہ جس کا نہ کچھ جواب بنا

میں ایک بلبلہ تھا افسانۂ وفا کا مگر
تمہاری بزم سے اٹھا تو اک کتاب بنا

مجھے سفیر بنا اپنا کو بہ کو اے عشق
کسے ہوس ہے کہ دنیا میں کامیاب بنا

میں جس خیال کو اپنا جنوں سمجھتا تھا
وہی خیال زمانے کا حُسنِ خواب بنا

کبھی تو وجہِ کرم بن گئی ہے خود داری
کبھی نیازِ طلب باعثِ عتاب بنا

سرائے دل میں جگہ دے تو کاٹ لوں یہ رات
نہیں یہ شرط کہ مجھ کو شریکِ خواب بنا

امیرِ چمن خ کا احسان نہیں ہے مجھ پہ نعیم
مجھے ہے ناز کہ ذرّہ سے آفتاب بنا

دل میں اتر و گے تو اک جوئے وفا پاؤ گے
موج در موج سمندر کا پتا پاؤ گے

میں تو کھو جاؤں گا تنہائی کے جنگل میں کہیں
تم بھرے گھر میں کہاں مجھ کو بھلا پاؤ گے

دل سے بے ساختہ اٹھے ہیں، بڑھاؤ کفِ دست
آج آنسو کو بھی ہم رنگِ حنا پاؤ گے

آگ ہی آگ سہی خواب میں جل کر دیکھو
اس جہنم میں بھی جنت کی ہوا پاؤ گے

غم اٹھانے کا یہ انداز بتا تا ہے نعیم
اک نہ اک روز وفاؤں کا صلہ پاؤ گے

پیکرِ ناز پہ جب موجِ حیا چلتی تھی
قریۂ جاں میں محبت کی ہوا چلتی تھی

اُن کے کوچے سے گذرتا تھا اٹھائے ہوئے سر
جذبہ ٔ عشق کے ہمراہ انا چلتی تھی

اک زمانہ بھی چلا ساتھ تو آگے آگے
گرد اُڑاتی ہوئی اک موجِ بلا چلتی تھی

پردۂ فکر پہ ہر آن چمکتے تھے نجوم
فرشِ تا عرش کوئی ماہ لقا چلتی تھی

دل کو اب بھی ہے یہی وہم کہ مجھ سے چھپ کر
پیچھے پیچھے مرے وہ جانِ وفا چلتی تھی

دل میں جو یاد و رہا کرتی ہے غم کی صورت
کل وہی یاد وہ بہ اندازِ ندا چلتی تھی

میں ہی تنہا نہ خرابوں سے گذرتا تھا نعیم
شام تا صبح ستاروں کی ضیا چلتی تھی

○

ہر پھول مضمحل ہے، ہر اک پتہ زرد ہے
جو شاخ گر گئی ہے وہ تصویرِ درد ہے

جو سینے رواں کے پاس ہے سویا ہوا کوئی
جھولی میں زادِ راہ نہ منزل کی گرد ہے

حیراں ہے برگِ سبز جو سلتے میں اس کے آج
گم ہم کھڑا ہوا کوئی صحرا نورد ہے

ہر نا مراد شوق ہے یکتائے روزگار
ہر غم شناس، علمِ زمانہ میں فرد ہے

کیا غم کریں کہ عشق میں چھوڑا نہ سر کبھی
پہلے تو خوں ہی سر د تھا اب دل بھی سرد ہے

قاتل کے انتظار میں کیوں بیڑیاں گنے
زنجیر ہی سے وار کرے وہ جو مرد ہے

ہر شخص دام پوچھ کے آگے بڑھا نعیم
جنسِ ہنر کا آج بھی بازار سرد ہے

دامن کو اپنے چاک کر دیا رفو کرو
خوابوں سے دل لگاؤ، کوئی آرزو کرو

شاید کہ مثلِ مہر کوئی آئے صبح دم!
شامِ فراق تم بھی جگر کو لہو کرو

آئے گی کس کے کام یہ رعنائیِ خیال
نغمو! دیارِ فکر میں رہنے کی خو کرو

کب تک تلاشِ حسن میں بھٹکو گے دشت دشت
جو گُل ہے سامنے ہو اسے لالہ رو کرو

کھینچو محن سے آؤ سوئے میکدہ نعیم
احسن ہے کارِ غم سے کہ شغلِ سبو کرو

وحشتِ جاں کو پیامِ نگہِ ناز تو دو
اس فسانے کو ذرا گرمیِ آغاز تو دو

میرے قدموں کے نشاں راہ سے کچھ پوچھ سہی
تم سے میں دور نہیں ہوں مجھے آواز تو دو

دل میں طوفاں نہیں ہو تو کرے کیا نغمہ
میں سناتا ہوں یہی راگ مجھے ساز تو دو

کوئی بنیاد نہیں قیدِ تعلق کی ابھی
جذبۂ غم کو ذرا فکر کا انداز تو دو

اس نے سینے سے لگایا جو کہا میں نے حسنؔ
دل میں رکھنے کیلئے اپنا کوئی راز تو دو

وہ بھی کہتا تھا کہ اس غم کا مداوا ہی نہیں
دل جلانے کے علاوہ کوئی چارہ ہی نہیں

زورِ وحشت بھی اگر کم ہو تو چلنا ہے ملام
سر چھپانے کے لئے دشت میں سایہ ہی نہیں

جل کے ہم راکھ ہوئے ہیں کہ بنے ہیں کندن
جوہری بن کے کسی شخص نے پرکھا ہی نہیں

گردِ شہرت کو بھی دامن سے لپٹنے نہ دیا
کوئی احسان زمانے کا اٹھایا ہی نہیں

میری آنکھوں میں وہی شوقِ تماشا ہے نعیم
اس نے جھک کر مری تصویر کو دیکھا ہی نہیں

جب تمک شعورِ عشق ہے، پاسِ جمال ہے
زندانِ آرزو سے نکلنا محال ہے

ہر لمحہ اضطراب ہے، ہر لحظہ انتشار
دل کا وہی ہے حال، جو دنیا کا حال ہے

گذرا جو کچھ ئے یار سے، اس نے صدا نہ دی
دل ہے کہ اتنی بات سے ناحق ندھال ہے

جو بھی صلہ ہو مجھ سے محبت کا اے حیات
ہر شخص اپنے آپ وفا کی مثال ہے

سنتے ہیں اے نعیم سوائے کمالِ فن
دنیا میں ہر عروج پہ اک دن زوال ہے

عشق سے اپنی نبھی ہو کہ زمانے سے چھنی
تم نے پوچھا نہیں افسوس کہ کیا ہم پہ بنی

ان کے کوچے میں بسا میں کہ پھرا شہر بہ شہر
در بہ در ساتھ پھرا درد غریب الوطنی

جرأتِ شوق کا شاہد تسا پیمانِ وفا
جرأتِ فکر کی مظہر تری پیماں شکنی

جب ملی دولتِ نایاب تمہارے غم کی
کشت و صحرا بھی ہوئے نقشِ کفِ پا سے غنی

کوئی تنہا نہیں دنیا میں بجز دردِ وفا
اس کے ہمدم ترے آنسو، نہ مری کوہ کنی

کتنے افکار کا زینہ ہے تری زلفِ دراز
کتنے خوابوں کا چمن ہے تری گل پیرہنی

عندلیبوں کی نوا بخششِ گل ہے تو نعیم
ہم بھی سیکھیں گے لبِ یار سے شیریں سخنی

۱۹۶۰ء سے ۱۹۵۰ء کی غزلوں کا انتخاب

وہی طالبِ ضیا ہوں جو اٹھائے نازِ ظلمت
وہی بوسۂ سحر لے جو سنوارے شامِ غم بھی

خیر سے دل کو تری یاد سے کچھ کام تو ہے
وصل کی شب نہ سہی، ہجر کا ہنگام تو ہے

نذرِ افلاک سے روشن ہو شبِ غم کہ نہ ہو
چاند تاروں سے مرا نامہ و پیغام تو ہے

کم نہیں اے دلِ بے تاب متاعِ اُمید
دستِ مسیحا میں خالی ہی سہی، جام تو ہے

بام خورشید سے اُترے کہ نہ اُترے کوئی صبح
خیمۂ شب میں بہت دیر سے کُہرام تو ہے

جو بھی الزام مرے عشق پہ آیا ہو نعیم
اُن سے وابستہ کسی طور مرا نام تو ہے

صبحِ طرب تو مست و غزل خواں گذر گئی
شامِ الم جو آئی ، تو آ کر ٹھہر گئی

دیکھا کسی نے اوجِ تصوّر، نہ اوجِ فن
پنہاں تھا ایک عیب تو سب کی نظر گئی

یادِ خدا سے بابِ حرم تک کھلا نہیں
یادِ بتاں سے دل پہ قیامت گذر گئی

تڑپا قفس میں کون جو اے صبحِ نو بہار
رعنائیِ گل و گیاہ، صبا چشم تر گئی

اتنا دلِ نسیم کو ویراں نہ کر حجاز
بہئے گی موجِ گنگ جمن اس تک خبر گئی

شامِ الم کو یاد رکھ، صبحِ طرب کے بعد بھی
سوزِ جنوں سے کام لے منزلِ شب کے بعد بھی

دل میں نہ جانے کیا رہا مثلِ شرارِ جستجو
جوششِ طلب کے وقت بھی ، ترکِ طلب کے بعد بھی

تجھ کو بتائیں کیا صبا، ہم نے جلایا کیوں چراغ
آمدِ خور کے باوجود ، رخصتِ شب کے بعد بھی

شکر کہ نیند مل گئی ، خواہ سمجھوں کے بعد ہو
ملتا ہے ورنہ کس کو جامِ حسنِ طلب، کے بعد بھی

سر میں اگر جنوں نہ ہو، ملتا نہیں ہے تاجِ فن
فکر و نظر کے باوجود، نام و نسب کے بعد بھی

دیکھیں نہ مجھ کو اہلِ بزم، ایسی نظر سے اے نعیم
آیا ہوں میں تو بارہا، بزم میں سب کے بعد بھی

دلوں میں آگ لگاؤ نہ آتش فشی ہی کرو
نہیں ہے شغلِ جنوں کچھ تو شاعری ہی کرو

یہ کیا کہ بیٹھ رہے جا کے خلوتِ غم میں
نہیں ہے کچھ تو چلو چل کے میکشی ہی کرو

یہی ہنر کا صلہ ہے تو ناقدانِ سخن
کسی اصول کے پردے میں دشمنی ہی کرو

صدائے دل نہ سنو نہ عرضِ حال تو سن لو
کہاں یہ فرض ہے تم پر کہ منصفی ہی کرو

یہی نعیم بہت ہے جو کاٹ لو یہ رات
یہ کچھ ضرور نہیں ہے کہ روشنی ہی کرو

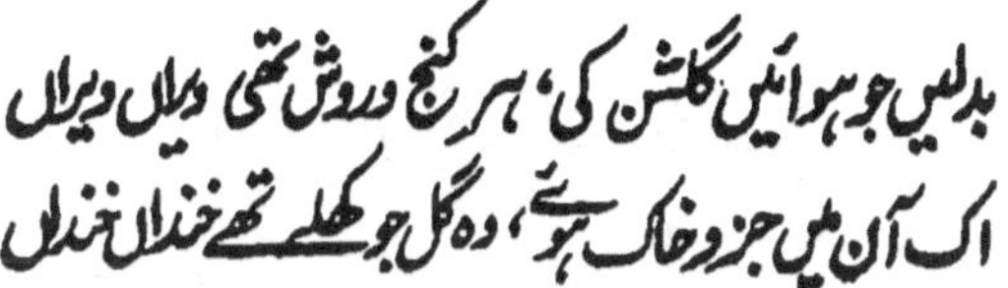

بدلیں جو ہوائیں گلشن کی، ہر رنگ و روش تھی دیدہ وریدہ
اک آن میں جزو خاک ہوئے، وہ گل جو کھلے تھے خنداں خنداں

اسے عشق یہی تو دردِ دل ہے، اک دلِ رنجوں برباد کیا
کیوں آتشِ گل کی فصل میں ہم کوچے میں گھڑے رہتے تھے دانا دلاں

ہم کس کو بتائیں کیا کیا ہے بے تابئ دل کو ان سے گلہ
ہم کس کو دکھائیں جا جا کر کیوں چشمِ وفا ہے گریاں گریاں

وہ کب کے یہاں سے جا بھی چکے، وہ کب کے نغزالِ شہر ہوئے
تم کس کو نعیم اب ڈھونڈتے ہو وادی و صحرا حیراں حیراں

سوئے مقتل نہ گئے ، عازمِ صحرا نہ ہوئے
کیا ہوئے ہم جو تری راہ میں رسوا نہ ہوئے

کتنے سازوں نے سنا ہی نہیں موسیقیِ دل
کتنے آہنگ تھے جو شاملِ نغمہ نہ ہوئے

کچھ خبر ہے تجھے اے ناقدِ چشمِ گریاں
کتنے طوفان ہیں سینے میں جو برپا نہ ہوئے

عشق میں مٹ کے بھی اک آن سلامت دیکھی
خاکِ داماں تو بنے ، گردِ کفِ پا نہ ہوئے

وہ زمانے کا بدلتے رہے کردار نعیمؔ
جن کے کردار زمانے کو گوارا نہ ہوئے

کوئی وجہِ غم نہیں ہے، کسی بات کا ہے غم بھی
اسی دردِ گم شدہ سے کبھی روٹھ دیتے ہیں ہم بھی

وہی طالبِ ضیا ہو، جو اٹھائے نازِ ظلمت
وہی بوسہٴ سحر لے جو سنوارے شامِ غم بھی

مرے کھوتے کھوتے لمحے کی ہر ایک سے شکایت
یہی آپ کا تغافل، یہی آپ کا کرم بھی

کریں ضبطِ غم کہاں تک، یہ دلِ فگار کب تک
کوئی غم گسار آئے تو لپٹ کے روئیں ہم بھی

اٹھے دل سے نعیم گائیں شبِ ہجر کا ترانہ
کسی کام آئے آخر یہ فضائے پُر الم بھی

کوئی تھا ناصح تو کوئی ہم نشین و رازداں
کون دشتِ غم میں ہوگا اب رفیقِ عاشقاں

دشت پیمائی ہے اپنی، عہدِ حاضر کا جنوں
بن چکے ہیں مجھ سے پہلے میرے قدموں کے نشاں

خلوتِ امید میں روشن ہے اب تک وہ چراغ
جس سے اٹھتا ہے قریبِ شام یادوں کا دھواں

ذہن کو روکھنا ہے روشن اس اندھیری رات میں
حلقۂ فظے میں قید ہیں میرے ضیا ئے رفتگاں

گوش بر آواز ہے محفل کی محفل اے نعیم
آگیا شاید کوئی شعلہ نوا جادہ بیاں

لطفِ آغاز ملا لذتِ انجام کے بعد
حوصلہ دل کا بڑھا کوششِ ناکام کے بعد

اب خدا جانے تجھے بھی ہے تعلق کہ نہیں
لوگ لیتے ہیں مرا نام ترے نام کے بعد

میکدہ تھا تو وہیں روز چلا جاتا تھا
اب کہاں کوئی ٹھکانا ہے مرا شام کے بعد

کوئی آیا ہی نہیں کوئے وفا تک در نہ
کچھ بھی مشکل نہیں یہ راہ دو اک گام کے بعد

وقت کٹتا رہا کٹتی رہیں راہیں لیکن
ہم نے مڑ مڑ کے تمہیں دیکھا ہر اک گام کے بعد

کچھ تو ساقی سے گلہ ہوگا حسن کو ورنہ
کون میخانے سے اٹھتا ہے دو اک جام کے بعد

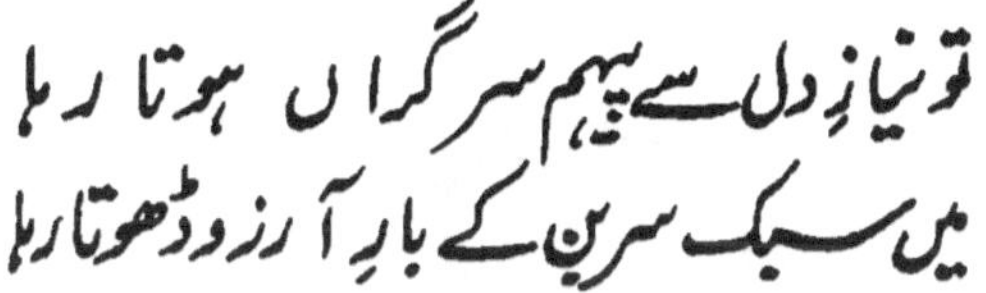

تو نیازِ دل سے پیہم سرگراں ہوتا رہا
میں سبک سرین کے بارِ آرزو ڈھوتا رہا

دی اذیت لعنتِ احساس نے گو عمر بھر
کچھ ازالہ نعمتِ افکار سے ہوتا رہا

کتنے اشکوں کے دیے جلتے رہے بجھتے رہے
یوں بظا ہر چین سے میں رات بھر سوتا رہا

غم کو غرقِ مے کیا ہوگا کسی سنے اے نعیم
میں وہ میکش ہوں جو وقتِ میکشی روتا رہا

جان و دل پر بار بن کر ماہ و سال آتے رہے
ہم کسی فرد لاسے لیکن جی کو بہلاتے رہے

سرخ رو لوٹے چمن سے جن میں تھا جوشِ طلب
وہ تہی داماں اُٹھے، دامن جو پھیلاتے رہے

ایک میں تھا جس نے اپنے سر لیا بارِ جہاں
ورنہ کتنے اہلِ غم آتے رہے، جاتے رہے

تم وہ دانا تھے کہ ہم سے دور تر ہوتے گئے
ہم وہ ناداں تھے کہ تم سے چھٹ کے گھبراتے رہے

انگلیاں اُٹھتی رہیں سارے زمانے کی نسیم
بے نیازانہ ہم اپنے ساز پر گاتے رہے

حسن کے بھرو کرامات سے جی ڈرتا ہے
عشق کی زندہ روایات سے جی ڈرتا ہے

میں نے مانا کہ مجھے ان سے محبت نہ رہی
ہم نشیں! پھر بھی ملاقات سے جی ڈرتا ہے

سچ تو یہ ہے کہ ابھی دل کو سکوں ہے لیکن
اپنے آوارہ خیالات سے جی ڈرتا ہے

اتنا رویا ہوں غمِ دوست ذرا سا ہنس کر
مسکراتے ہوئے لمحات سے جی ڈرتا ہے

کس گھڑی کونسی وحشت میں کرے مجھ کو شریک
عشق کی ایک اسی بات سے جی ڈرتا ہے

جو بھی کہنا ہے کہو صاف شکایت ہی سہی
ان اشارات و کنایات سے جی ڈرتا ہے

ہجر کا درد نئی بات نہیں ہے لیکن
دل وہ گذرا ہے کہ اب رات سے جی ڈرتا ہے

کون بھولا ہے نعیم ان کی محبت کا فریب
پھر بھی ان تازہ عنایات سے جی ڈرتا ہے

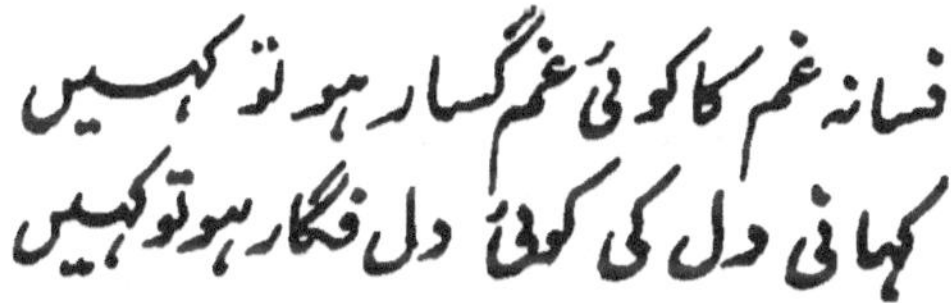

فسانہ غم کا کوئی غم گسار ہو تو کہیں
کہانی دل کی کوئی دل فگار ہو تو کہیں

وہاں یقین کہ خود ہی کہیں گے حرفِ جنوں
یہاں یہ فکر فضا سازگار ہو تو کہیں

جنوں کی کونسی منزل میں مل رہا ہے سکوں
ہماری طرح کوئی بے قرار ہو تو کہیں

کہیں فسانہ ہجراں یہ رابطہ ذکرِ وفا
کسی کا اب نہ تمہیں انتظار ہو تو کہیں

اسی میں چھیڑا نہ ہم نے فسانۂ شبِ غم
کہ ان کی شام بھی کچھ سوگوار ہو تو کہیں

وہ مسکرائے کہ برہم ہوئے گذار کشش پر
جو اپنی آنکھوں پہ کچھ اعتبار ہو تو کہیں

کہانی دردِ جنوں کی کہیں تو کس سے نعیم
جہاں میں ہم سا کوئی غم شعار ہو تو کہیں

یاد کی آنچ سے ہر آن تپاں ہے تو ہے
اب کوئی میرے لیے شعلہ بجاں ہے تو ہے

یادِ امکاں سے ہے سرسبز جنوں کی وادی
کوچۂ عقل میں وحشت کا سماں ہے تو ہے

ہم بھی بے تاب ہیں اب سیر و سیاحت کیلئے
ان کی نظروں میں کوئی تازہ جہاں ہے تو ہے

بس یہی فکر کرو جس سے تپاں ہے آتشِ فن
آتشِ رشک سے محفل میں دھواں ہے تو ہے

سر اٹھانے کی کہاں آج مجھے تاب نعیم
وہ کسی چاند کے پیکر میں نہاں ہے تو ہے

عزیز قیسی

کا شعری مجموعہ

گرد باد

(بین الاقوامی ایڈیشن)

منظرِ عام پر آ چکا ہے